AF591442

INSTRUCTION

QUE

LE ROI A FAIT EXPÉDIER

AUX

OFFICIERS GÉNÉRAUX,

CHARGÉS DE L'INSPECTION

DE SON INFANTERIE.

Du 1.er Mai 1782.

A PARIS,

DE L'IMPRIMERIE ROYALE.

M. DCCLXXXII.

INSTRUCTION

Que LE ROI a fait expédier aux Officiers généraux, chargés de l'inſpection de ſon Infanterie.

Du 1.er Mai 1782.

DE PAR LE ROI.

SA MAJESTÉ voulant qu'il ſoit procédé à la revue de ſes Troupes, ſon intention eſt que les Officiers généraux qui en ſeront chargés cette année, ſe conforment avec exactitude à l'Inſtruction qu'Elle a fait expédier à cet effet.

ARTICLE PREMIER.

Temps des revues des régimens qui ſont en France.

LES Officiers généraux feront dans le courant de l'année, à chaque régiment, le nombre de revues qu'ils jugeront à propos, pourvu que celle dont ils devront rendre compte au Secrétaire d'État de la guerre, ſoit faite & arrêtée du 1.er Juin au 1.er Octobre.

2.

Objets à voir à la premiere revue.

LES Officiers généraux à qui le temps permettra de faire deux revues, vérifieront à la première, ſi les réparations de l'hiver ont été bien faites & uniformément, l'état des recrues, & les détails des manœuvres par compagnie, pour s'assurer que l'Ordonnance est suivie ponctuellement.

Objets à voir à la seconde revue.

A la seconde, ils examineront si les ordres qu'ils ont donnés à la première ont été bien exécutés, règleront avec le Conseil d'administration, les réparations à faire en tout genre; verront manœuvrer les Troupes par régiment, ils en rassembleront même plusieurs, autant que les circonstances le permettront, & les commanderont eux-mêmes; ils arrêteront leurs revues à cette dernière époque, & en rendront compte, ainsi qu'il est expliqué ci-après, au Secrétaire d'État de la guerre.

3.

Formalité à remplir pour assembler un régiment.

TOUTES les fois que les Officiers généraux, voudront faire prendre les armes aux Troupes, dont l'inspection leur est confiée, pour en faire la revue, ils se conformeront à l'article 7 du Titre I.er de l'Ordonnance du 1.er mars 1768, qui règle le service dans les Places & dans les Quartiers.

4.

Sur quoi doit porter l'attention.

L'INTENTION de Sa Majesté est que les Officiers généraux procèdent à l'opération de leurs revues, d'une manière uniforme : leur attention doit porter sur quatre objets principaux :

1.° Sur l'examen particulier de chaque compagnie, sa composition, sa tenue, & l'instruction des Officiers qui la commandent :

2.° Sur l'École d'instruction & les Manœuvres :

3.° Sur la Discipline & la Subordination :

4.° Sur l'Administration des finances.

5.

Examen des revues.

ILS commenceront par séparer & examiner les hommes de recrues qui auront été faits depuis la dernière revue, soit par les Officiers-recruteurs, soit par les Officiers de semestre; ces hommes seront rangés dans l'ordre du travail de chacun des Recruteurs, ils réformeront ceux qui ne seront pas

propres

propres au ſervice, & ils les feront congédier ſur le champ: Ceux qui auront été faits par les Officiers-recruteurs, & qui feront réformés, ne feront pas rembourſés; quant à ceux qui auront été amenés au Corps par les Officiers de ſemeſtre, il ſera ordonné une retenue de cent livres par homme, ſur les appointemens des Officiers qui les auront faits, & ils ne recevront aucun rembourſement pour la dépenſe qu'ils auront faite relativement à l'homme congédié; il leur ſera également retenu cent livres, au profit de la Maſſe générale, pour chacun des hommes qu'ils n'auront pas faits, & qu'ils auroient dû faire.

Retenue à faire aux Officiers-ſemeſtriers & Recruteurs.

Ils veilleront à ce que le prix fixé pour les recrues ne ſoit pas outre-paſſé, & à ce que l'excédant ſoit retenu ſur les appointemens des Officiers ſupérieurs de chaque régiment.

Retenue à faire aux Officiers ſupérieurs.

L'intention de Sa Majeſté eſt que les États-majors ne cèdent pas les hommes qu'ils engageront, aux Officiers-ſemeſtriers, pour diſpenſer ces derniers de la retenue qu'ils ſeroient dans le cas de ſubir.

Défenſe de céder des recrues aux Officiers de ſemeſtre.

Ils feront prêter ſerment aux hommes de recrues, dans la forme preſcrite.

Serment des recrues.

6.

SA MAJESTÉ renouvelle la défenſe d'admettre à la paye, des enfans de Soldats, avant qu'ils ſoient parvenus à l'âge de dix ans; & le nombre ne pourra excéder celui de deux par compagnie, ſous quelque prétexte que ce ſoit.

Enfans admis à la ſolde à l'âge de dix ans.

7.

ILS ſe feront enſuite préſenter les anciens Soldats, que leurs infirmités mettront hors d'état de continuer leurs ſervices; ils feront délivrer des congés de réforme à ceux qu'ils en croiront ſuſceptibles, & le renvoi de ces hommes aura lieu le jour même de l'opération de la revue.

Renvoi des hommes infirmes.

8.

DIFFÉRENTES cauſes donnent lieu à l'expédition des congés abſolus pour les bas Officiers & Soldats:

Congés abſolus; couleur des cartouches,

& dans quel cas. 1.° Lorſqu'ils ont fini le terme de leur engagement, ou qu'étant néceſſaires à leur famille, on leur permet de remettre une ſomme à la Maſſe générale pour ſe remplacer:

2.° Lorſque par des infirmités ou défaut de conformation, ils ne ſont pas propres au ſervice:

3.° Enfin pour renvoyer ceux qui ſont indignes de porter les armes.

Les Officiers généraux auront attention qu'on leur expédie des cartouches blanches, vertes ou jaunes, comme il a été réglé pour les différentes circonſtances où ils ſe trouveront.

9.

Nombre des récompenſes militaires, & Invalides par régiment.

Ils examineront enſuite les bas Officiers & Soldats qui ſe trouveront dans le cas d'être propoſés pour la récompenſe militaire ou l'Hôtel royal des Invalides: Quoique Sa Majeſté fixe le nombre de ceux qui pourront être admis cette année à l'une ou l'autre de ces grâces, à deux par régiment d'Infanterie, Elle permet néanmoins aux Officiers généraux d'en admettre le double de ce nombre, s'il s'en trouve qui ſoient abſolument hors d'état de ſervir & de ſuivre le régiment encore pendant une année.

10.

Examen des récompenſes militaires, & Invalides.

Veut Sa Majeſté que l'examen des infirmités ou des bleſſures de ceux qui ſeront dans le cas de réclamer ces grâces, ſoit ſévèrement conſtaté en préſence des Officiers généraux chargés des inſpections, & que l'ancienneté ne ſoit un titre pour la préférence, qu'à égalité de néceſſité. Les Officiers généraux avertiront ceux qui ſeront admis à l'une ou l'autre de ces grâces, que ceux qui préfèreront l'Hôtel royal des Invalides, ne pourront plus le quitter & demander la penſion; mais que les penſionnaires qui ſe trouveront dans l'impoſſibilité de vivre chez eux, pourront, en remettant leur penſion, demander à entrer à l'Hôtel, où ils ſeront reçus lorſqu'il y aura des places vacantes.

11.

Fixation de la penſion militaire.

La penſion militaire reſte fixée, comme il eſt expliqué

à l'*article 10 du Titre VIII de l'Ordonnance d'administration du 25 mars 1776.*

Les bas Officiers n'obtiendront la penſion de récompenſe militaire attribuée à leur grade, qu'autant qu'ils auront ſervi huit ans dans ledit grade; bien entendu que les Sergens-majors compteront les années de Fourrier de l'ancienne compoſition.

12.

Formalités des propoſitions pour la récompenſe militaire, ou les Invalides.

LES propoſitions des Officiers généraux chargés des inſpections, ſeront faites lors de leur travail avec le Secrétaire d'État de la guerre, & conformément au modèle de l'état annexé à la préſente Inſtruction; il ſera joint aux états de propoſitions, deux certificats, l'un ſigné par les Officiers ſupérieurs du Corps, contenant les ſervices des propoſés, & l'autre par le Chirurgien-major: l'on prévient les Officiers généraux, que ces deux pièces ſont abſolument néceſſaires, & doivent être adreſſées, avec les autres états de la revue, au Secrétaire d'État de la guerre, pour éviter toutes réclamations de la part de ces hommes: il ſera fait mention au dos de leurs cartouches, lorſqu'ils quitteront le régiment, des décomptes qui leur auront été faits, & du ſupplément de Trois ſous par lieue que Sa Majeſté veut bien leur accorder pour ſe rendre chez eux, dans le cas d'inſuffiſance deſdits décomptes: il ſera également fait mention ſur les cartouches, des hommes qui obtiendront la récompenſe militaire, & de l'habillement neuf qui leur ſera délivré, & de la date de la délivrance, lequel devra conſiſter en un habit, veſte, culotte & chapeau, le tout dans l'uniforme particulier qui leur a été précédemment réglé, afin de pouvoir fixer l'époque de leurs remplacemens.

Pièces à joindre aux états de propoſition.

Décomptes à faire, trois ſous par lieue à donner; & dans quel cas.

Habillement neuf à délivrer.

13.

Hommes à propoſer pour les compagnies Invalides détachées.

SA MAJESTÉ autoriſe les Inſpecteurs à propoſer indépendamment du nombre fixé par l'article 9 de la préſente inſtruction, deux hommes de ſupplément par régiment, pour entrer dans des Compagnies invalides détachées; bien entendu qu'ils ne pourront entrer à demeure à l'Hôtel qu'après trente-cinq ans de services, en réunissant ceux des Compagnies détachées, où ils entreront, à ceux des régimens qu'ils auront quittés.

14.

Les proposés pour les pensions, Invalides ou Compagnies détachées, suivront le régiment, en cas de mouvement.

CEUX qui seront admis à l'une ou l'autre de ces grâces, seront compris dans la revue. Ils suivront le corps dans le cas de mouvement, & n'en partiront; savoir, ceux désignés pour entrer à l'Hôtel à demeure ou dans les Compagnies détachées, que sur des routes de la Cour, & ceux désignés pour la récompense militaire, qu'après la réception des brevets, qui seront expédiés & adressés au corps par le Secrétaire d'État de la guerre; les Officiers généraux préviendront ces hommes, qu'ils ne commenceront à jouir de leur pension, que du jour de leur présentation au Commissaire des guerres, dans le département duquel ils fixeront leur domicile; & à son défaut, ils s'adresseront au Subdélégué.

15.

Hommes estropiés sur les Vaisseaux.

LES hommes estropiés sur les Vaisseaux ou en Amérique, seront en excédant du nombre ci-dessus, & dans ce cas ils seront portés sur un état particulier & dans la même forme que le *n.º 3*.

16.

Médaillon de la vétérance.

LES Officiers généraux se feront présenter les hommes existans au corps, qui ont obtenu la marque distinctive de la vétérance. L'intention de Sa Majesté est qu'il ne soit admis à cette marque distinctive, accordée par son Ordonnance du 16 avril 1771, que les bas Officiers & Soldats qui en seront jugés dignes par une conduite irréprochable: Entend Sa Majesté que ces hommes ne soient proposés pour cette grâce, que lors des revues d'inspection, sur les états qui devront être approuvés par les Officiers généraux.

17.

Trois sous par lieue; & dans quel cas.

VEUT Sa Majesté que la distribution des Trois sous par lieue, qui doivent être payés aux hommes qui seront congédiés, soit par réforme, soit par ancienneté de service, soit faite

faite à l'ordinaire; ce qui cependant n'aura lieu que dans le cas où le décompte du linge & chaussure, & de quinze livres que chaque homme doit avoir en masse, ne suffiroit pas pour le conduire à sa destination.

18.

IL ne sera accordé aucun supplément à ceux qui, étant nécessaires à leur famille, obtiendront leur congé absolu; le nombre de ces congés ayant été fixé à six hommes par compagnie, dans la supposition que chaque compagnie seroit portée au complet de l'Ordonnance: mais sur le pied du complet actuel, le nombre de ces congés ne pourra pas excéder celui de trois par compagnie, pourvu toutefois que ces hommes soient présens au corps. Sa Majesté veut que l'on ne s'écarte de cette règle, que pour des cas particuliers, qui devront être jugés & autorisés par les Officiers généraux; ils jugeront également des raisons de ceux qui devront obtenir cette grâce en payant le prix réglé, & en arrêteront l'état. Il sera fait mention, tant sur ledit état, que sur la cartouche de l'homme qui obtiendra un de ces congés, de la somme qu'il aura remise à la masse générale.

Congés de grâces.

Trois par compagnie.

L'intention de Sa Majesté est qu'il ne soit congédié, par grâce, aucun bas Officier ou Soldat, dans l'intervalle d'une revue à l'autre, sans y être autorisé par le Secrétaire d'État de la guerre, sur la demande qui en sera faite par les Officiers généraux.

19.

SA MAJESTÉ, pour faciliter les rengagemens, permet aux Mestres-de-camp-commandans, de rengager tous bas Officiers & Soldats qui auront contracté des engagemens de huit ans pour quatre ans, après l'expiration de la quatrième année de leur engagement de huit, si lesdits Mestres-de-camp-commandans le jugent convenable au bien du service, & pensent que c'est le moyen de conserver de bons sujets.

Rengagemens.

A ceux qui se feront rengagés pour quatre ans, de renouveler leurs engagemens après la seconde année de celui de quatre.

A ceux qui auront acquis vingt années de ſervice, de ſe rengager pour un an, afin de ſe rendre ſuſceptibles des récompenſes militaires.

Prix des rengagemens. Elle a réglé que dans le premier cas, il ſeroit payé à chaque Soldat, en deux payemens égaux, moitié du prix fixé pour les engagemens de huit ans; le premier en ſe rengageant, le ſecond lorſque le rengagement commencera à courir.

Dans le ſecond, chaque homme touchera moitié du prix fixé pour quatre années, en deux payemens égaux, & aux mêmes époques.

Et dans le troiſième, il leur ſera payé, en ſe rengageant, le quart du prix fixé pour quatre ans.

Ne rengager que de bons ſujets. Les Officiers généraux preſcriront au ſurplus aux Meſtres-de-camp-commandans, de ne rengager que des ſujets de diſtinction, & de faire regarder cette préférence comme une grâce à laquelle ceux qui n'auront d'autre mérite que de faire nombre ne pourront pas prétendre: ils ſe feront auſſi préſenter les hommes qui auront été rengagés depuis la dernière revue d'inſpection, pour juger ſi on n'en a point admis qui ne ſoient plus en état de continuer leurs ſervices.

20.

Congés abſolus, délivrés à leur échéance, pour l'inſpection françoiſe. SA MAJESTÉ veut que ce qui a été preſcrit ſur l'expédition des congés abſolus, ſoit exécuté avec la plus grande exactitude, & qu'en conſéquence leſdits congés ſoient expédiés le jour précis de leur échéance. Les Officiers généraux ſe feront préſenter les hommes qui devront les obtenir juſqu'au 30 Septembre incluſivement de l'année ſuivante, & en arrêteront l'état; ils feront congédier ceux des régimens d'Infanterie étrangère, dont les congés ſeront expirés depuis la dernière revue d'inſpection juſqu'à la date de leur ſeconde revue.

21.

Muſiciens excédens. SA MAJESTÉ ayant réglé, par ſon Ordonnance de formation du 25 Mars 1776, le nombre de Tambours &

d'Instrumens que les régimens doivent avoir; Elle défend très-expressément qu'il soit passé un plus grand nombre de Musiciens dans les revues; & Elle ordonne aux Officiers généraux de faire rentrer dans la classe des Soldats, tous ceux qui excéderont le nombre prescrit.

22.

Surnuméraires.

PLUSIEURS régimens, par la bonne administration de leur Masse générale, se sont trouvés des fonds libres, & les Mestres-de-camp-commandans ayant desiré que ces fonds fussent employés à engager des surnuméraires, Sa Majesté a agréé leur proposition & a donné ses ordres pour que la subsistance seulement soit fournie à ces hommes jusqu'à ce qu'ils pussent rentrer dans la composition actuelle des Corps; en conséquence les Officiers généraux auront attention, après les renvois des bas Officiers & Soldats dont ils auront fait expédier les congés absolus, de faire remplacer ceux qui les auront obtenus, par un pareil nombre de surnuméraires, afin de faire cesser la dépense qu'ils occasionnent.

Ils rendront, au surplus, compte de la quantité de surnuméraires qu'ils auront trouvés dans chaque régiment à l'époque de leur revue.

23.

Revue par compagnie.

CES opérations étant réglées, & les hommes rentrés dans leur compagnie, les Officiers généraux feront une revue particulière & détaillée de chaque compagnie; ils se feront rendre compte par le Capitaine-commandant, de sa composition, du mouvement qu'elle a éprouvé depuis sa dernière revue, des hommes qui en sont absens, & des motifs de leur absence, enfin de l'état de sa troupe, dont il doit répondre: ils se feront présenter également les bas Officiers & Soldats qui ont fait la guerre, & ceux qui sont reconnus Gentilshommes; ils examineront si l'espèce d'hommes, dont le régiment est composé, est telle qu'elle doit être, & propre à la guerre: ils vérifieront le contrôle de la compagnie, pour juger s'il est en règle, & se feront présenter aussi le

Compte à rendre par le Capitaine-commandant.

Vérification à faire, par les Officiers généraux.

Livret de décompte du Capitaine-commandant, & celui du Sergent-major, pour s'assurer s'ils sont conformes, & si les comptes sont tenus dans la règle prescrite.

24.

Composition des compagnies de Grenadiers.

SA MAJESTÉ est informée que dans plusieurs régimens, les compagnies de Grenadiers sont composées d'hommes trop jeunes, & peu propres au genre de service qui leur est affecté; Elle ordonne aux Officiers généraux d'y donner la plus scrupuleuse attention, & de prescrire aux Mestres-de-camp-commandans, de ne plus tomber dans pareil inconvenient.

25.

Vérification de l'habillement, équipement & armement.

LES Officiers généraux verront si l'habillement, l'équipement & l'armement sont bien entretenus, & ils vérifieront si les parties de l'habillement & de l'équipement, dont le régiment s'est pourvu, sont de bonne qualité.

26.

Hommes à rayer du contrôle; & dans quel cas.

L'INTENTION de Sa Majesté est que tous les hommes qui se trouvoient absens à la revue d'inspection de l'année précédente, & qui n'auront pas rejoint leur Corps, soient rayés des contrôles; Sa Majesté voulant, qu'un homme qui sera absent à une revue d'inspection, ne puisse jamais être rappelé dans la revue suivante, à moins que ce ne soit pour cause de maladie bien constatée. Pour assurer l'exécution de cette disposition, les Officiers généraux feront rayer sur le champ lesdits hommes du contrôle, par le Commissaire des guerres chargé de la police du régiment, afin que la solde cesse à cette époque de leur être payée.

27.

Livret de revue, & manière de le constater.

LES Officiers généraux ayant procédé à ces différentes opérations de la manière ci-dessus prescrite, ils constateront leur revue sur le Livret, dont le modèle est joint à la présente Instruction, ils ne feront point mention dans ladite revue des hommes congédiés ou réformés; & comme ceux qui

qui devront obtenir les Invalides ou la récompenſe militaire, ne ſeront pas alors connus, leur ſort ne devant être décidé que lors du travail des Officiers généraux avec le Secrétaire d'État de la guerre, ils ſeront compris dans la revue : il en ſera de même de ceux qui étant néceſſaires à leur famille, ſeront admis à ſe remplacer, leſquels reſteront au régiment juſqu'à ce qu'ils aient dépoſé à la Maſſe générale, le prix de leur dégagement ; mais les Officiers généraux en arrêteront l'état, qu'ils remettront au Commiſſaire des guerres chargé de la police du régiment, pour qu'il puiſſe ſuivre le ſort deſdits hommes, & les rayer du contrôle à meſure que leurs congés abſolus leur ſeront expédiés.

28.

Récapitulation au Livret de revue.

Il ſera fait mention dans la récapitulation du Livret de revue, des hommes qui auront manqué depuis la dernière revue, par mort, par déſertion, par congé, ou par quelqu'autre cauſe que ce ſoit, ainſi que des hommes de recrues, que le régiment aura reçus en remplacement.

29.

État à arrêter, des réparations & remplacement ; ſuivre le Règlement du 21 février 1779.

Les Officiers généraux ſe feront repréſenter par le Conſeil d'adminiſtration, les états & devis de la réparation précédente ; ils tiendront la main à ce qu'on ne propoſe pour remplacement, que ce qui eſt preſcrit par le Règlement du 21 Février 1779, concernant l'habillement & l'équipement des Troupes ; ils reſtreindront les régimens, dont les finances ſont arriérées, à l'économie la plus ſtricte, & les autoriſeront même à retarder de quelques mois, les réparations & remplacemens qui ne ſeront pas les plus indiſpenſables, ſi les circonſtances le permettent, & qu'ils jugent que c'eſt le moyen de donner le temps à la Maſſe générale de ſe bonifier ; feront dreſſer en conſéquence un état conforme au modèle joint à la préſente Inſtruction, des remplacemens & réparations qu'ils auront jugé à propos d'ordonner, leſquels ſeront exécutés par ledit Conſeil d'adminiſtration, ſans attendre de nouveaux ordres de la part du Secrétaire d'État

Retarder les réparations, s'il y a lieu.

de la guerre : cet état sera transcrit sur le Registre d'administration, signé des Officiers généraux & des Membres du Conseil; ils y feront aussi mention sommairement de la quantité de médaillons à remplacer.

Médaillons à remplacer.

30.

Nouveau costume.

SA MAJESTÉ ayant réglé en 1781, que les régimens d'Infanterie seroient entièrement au nouveau costume le 1.er Mai 1782, les Officiers généraux veilleront à ce que ses intentions à cet égard soient exécutées.

31.

Remplacement des armes.

LES Officiers généraux feront également dresser un état conforme au modèle joint à la présente Instruction, qui constatera le remplacement des armes nécessaires à chaque régiment.

32.

Vérification des Masses.

ILS se feront aussi représenter les états de recette & de dépense depuis la revue d'inspection de l'année précédente, ils s'en feront rendre compte & arrêteront les états de la Masse générale, de linge & chaussure & de propreté; ils signeront les registres desdites Masses, ainsi que celui des délibérations du Conseil d'administration, & ils informeront sommairement, par le résumé de leur revue, le Secrétaire d'État de la guerre, de la situation où les différentes Masses se trouveront à l'époque du 1.er Mai.

33.

Grandes dépenses; par qui arrêtées.

LES grandes dépenses seront arrêtées par les quatre Officiers supérieurs qui composent le Conseil d'administration, & si, pendant l'absence du Mestre-de-camp-commandant, il étoit ordonné une dépense extraordinaire, sans son agrément, la somme à quoi elle aura monté sera retenue sur les appointemens des deux principaux Officiers qui auront assisté au Conseil.

Visite de la caisse.

Les Officiers généraux se feront représenter les marchés

& quittances des Fournisseurs, & visiteront eux-mêmes la caisse de chaque Corps; ils vérifieront si les sommes qui doivent s'y trouver y sont réellement, soit en espèces, soit en effets d'équipement & d'habillement; ils se feront remettre un bordereau exact & conforme au modèle joint à la présente Instruction, de la situation de ladite caisse depuis le 1.er mai 1781, jusqu'au 1.er mai de cette année. Ils adresseront ce bordereau au Secrétaire d'État de la guerre; l'intention de Sa Majesté est que dans aucun cas, les trois clefs de la caisse de chaque régiment ne puissent être remises entre les mains de la même personne.

& vérification des marchés.

Époque de l'arrêté des finances.

34.

LES Officiers généraux, à leur premiere revue du régiment, verront exercer chaque compagnie en détail; ils nommeront un Officier de la compagnie pour la commander & l'exercer devant eux, conformément à l'Ordonnance; ils verront si les principes qui sont établis, sont régulièrement observés, si le ton de commandement des Officiers est bon & uniforme; ils jugeront du degré d'intelligence & d'instruction de chacun d'eux: ils les préviendront qu'il ne doit être accordé de semestre, ni proposé de congé pour ceux qui auront négligé de s'instruire, & ils examineront si on suit dans l'École d'instruction, les principes & la gradation ordonnés.

Exercice de chaque compagnie en détail.

Point de semestre & de congé aux Officiers qui auront négligé leur instruction.

Les Officiers généraux feront assembler les bas Officiers; ils les feront exercer, & en feront commander quelques-uns: ils questionneront ou feront questionner devant eux les Sergens & Caporaux sur leurs devoirs relatifs à l'Ordonnance des manœuvres, ou à celle du service des Places, pour connoître s'ils sont instruits.

Exercer & questionner les bas Officiers.

35.

CES objets étant terminés, ils feront assembler à la seconde revue le régiment pour le voir manœuvrer; ils examineront avec attention si toutes les manœuvres sont exécutées conformément à l'Ordonnance, & ils ne toléreront aucun changement. Si quelque régiment s'étoit

Faire manœuvrer le régiment, & rendre compte.

écarté de ce qui eſt preſcrit, ſoit pour les manœuvres, ſoit pour les détails de l'École d'inſtruction, les Officiers généraux en informeront ſur le champ le Secrétaire d'État de la guerre : Sa Majeſté voulant que non-ſeulement les Meſtres-de-camp-commandans ſoient reſponſables de l'exécution de ce qu'Elle a réglé à cet égard, mais encore que, ſi l'Officier ſupérieur qui aura commandé le régiment pendant l'hiver, y avoit laiſſé établir quelque choſe qui y fût contraire, il lui ſoit rendu compte de l'ordre ſur lequel il y aura été autoriſé.

36.

Diſtribution de poudre & de plomb.

IL a été donné des ordres pour faire diſtribuer cinq cents livres de poudre, & deux cents cinquante livres de plomb à chaque bataillon pour ſes exercices ; les Officiers généraux donneront les leur pour l'emploi utile de ces munitions, afin qu'elles ne ſoient conſommées à d'autres uſages qu'à ceux auxquels elles ſont deſtinées.

37.

Viſite des chambrées.

LES Officiers généraux ſe rendront aux caſernes du régiment, ils viſiteront quelques chambrées de Soldats, ils jugeront de l'arrangement intérieur des chambrées, & ils verront ſi elles ſont tenues dans l'ordre & la propreté convenables.

38.

Examen de la conduite, mœurs & talens des Officiers.

LES Officiers généraux s'attacheront à connoître l'eſprit & la compoſition du Corps des Officiers dans chaque régiment, & ne négligeront rien de tout ce qui pourra les conduire à fixer l'opinion qui ſera dûe aux talens, aux mœurs, au caractère & à la conduite de chacun d'eux. Ils vérifieront leur aptitude & leurs connoiſſances dans les exercices & les manœuvres, ils s'informeront & s'aſſureront par eux-mêmes du degré de zèle qu'ils auront pour le ſervice, de leurs ſoins & leur attention pour la diſcipline, & de leur dévouement à la ſubordination : ils marqueront leur avis en général ſur les bas Officiers, & donneront

donneront une attention particulière & ſcrupuleuſe pour connoître les Officiers qui ſeront propoſés pour des grades ſupérieurs, & ils s'en feront rendre compte par les quatre Officiers ſupérieurs des Corps.

39.

Mémoires de grâces.

LES Officiers généraux ſe feront remettre, par les Meſtres-de-camp-commandans, les Mémoires de grâces, conformément aux Ordonnances, Règlemens & Déciſions de Sa Majeſté.

40.

Mémoires de retraites.

LES Officiers généraux obſerveront de ne recevoir de Mémoires de retraite, qu'en faveur des Officiers que les infirmités ou l'ancienneté des ſervices mettront hors d'état de les continuer : ils auront attention de faire ſigner ces Mémoires par les Officiers qui en ſont l'objet, & les préviendront qu'une fois la retraite accordée, ils ne pourront plus opter.

41.

États à adreſſer au Secrétaire d'État de la guerre.

Les Officiers généraux ſe feront donner les états détaillés ci-après, conformément aux modèles joints à la préſente Inſtruction, & les adreſſeront au Secrétaire d'État de la guerre, dans le courant du mois d'Octobre au plus tard.

1.° L'état des Officiers de chaque régiment, diſtingués par leurs talens, & ſuſceptibles de remplir des emplois ſupérieurs.

2.° L'état des grâces.

3.° L'état des bas Officiers & Soldats déſignés pour les récompenſes militaires, qui comprendra auſſi ceux déſignés pour entrer à demeure à l'Hôtel royal des Invalides.

4.° L'état des bas Officiers & Soldats qui ſont parvenus à la vétérance, & auxquels il doit être envoyé la marque diſtinctive & le brevet.

5.° L'état des hommes à congédier par grâce.

6.° L'état de la ſituation de l'habillement & de l'équipement, & les effets à remplacer dans le courant de l'année. Cet état comprendra auſſi ſommairement le nombre de médaillons à remplacer.

7.° L'état de l'armement & des remplacemens néceſſaires.

8.° L'état nominatif des Officiers-ſemeſtriers qui n'ont pas rempli l'obligation de l'article 9 de l'Ordonnance du 18 octobre 1777, concernant les ſemeſtres, & auxquels il a été fait une retenue.

9.° L'état des finances.

10.° Le livret de la revue.

11.° Le réſumé général clair & précis des opérations de l'inſpection.

42.

Par qui les états ſeront ſignés.

LES états concernant la finance & les réparations, ſeront ſignés des Membres du Conſeil d'adminiſtration, les autres le ſeront ſeulement des Chefs du Corps. L'intention de Sa Majeſté étant que les Commandans des provinces aient connoiſſance de la ſituation & des objets relatifs à la tenue, la diſcipline, les exercices & les manœuvres des Corps qui ſont ſous leurs ordres, les Officiers généraux leur rendront un compte ſommaire, dans la forme du modèle *n.° 12*, joint à la préſente Inſtruction.

43.

Envoi de l'état de ſituation.

LES Officiers généraux ordonneront au Commandant de chaque régiment de leur Inſpection, de leur adreſſer tous les mois un état de ſituation conforme au modèle *n.° 13*, annexé à la préſente Inſtruction, & de les informer d'ailleurs régulièrement de tout ce qui pourroit intéreſſer le ſervice de Sa Majeſté. Ils lui preſcriront de faire paſſer en même-temps deux de ces états de ſituation, l'un au Secrétaire d'État de la guerre, & l'autre à l'Officier général commandant dans la province, en obſervant de ne pas faire mention dans ce dernier, de la ſituation des finances.

44.

Livret de revue à laiſſer à chaque régiment, & objets à y preſcrire.

LES Officiers généraux laiſſeront à chaque régiment un Livret de revue, à la fin duquel il y aura une récapitulation & un arrêté de la force du régiment; ils feront mention à la ſuite dudit arrêté de ce qu'ils auront trouvé de contraire à ce qui eſt preſcrit, ſoit pour l'école d'inſtruction, ſoit dans l'exécution des manœuvres, dans l'habillement ou la tenue, & des ordres qu'ils auront donnés pour le rectifier.

Ce Livret sera présenté à l'Officier général qui fera la revue de l'année suivante, pour qu'il puisse juger si les ordres donnés ont eu leur exécution ; il jugera également si quelques hommes de recrues ayant été marqués à revoir, ont acquis la taille convenable, & s'ils sont en état de servir.

Livret de revue à présenter à l'Officier général.

45.

L'INTENTION de Sa Majesté étant que tous les régimens d'Infanterie françoise & étrangère, soient entretenus au complet, sur le pied actuel, les Officiers généraux prendront avec les Corps, les mesures qu'ils jugeront les plus propres à s'en assurer. Sa Majesté a permis à cet effet de détacher, pendant l'été, un Officier & plusieurs bas Officiers par bataillon, pour s'occuper du travail des recrues des régimens qui auront besoin de ce secours. Les Officiers généraux tiendront la main à l'exécution de cette disposition.

Mesures à prendre pour compléter les régimens.

46.

LES régimens d'Infanterie Allemande, Irlandoise, Italienne & Corse, ayant la même composition & la même formation que ceux d'Infanterie françoise, les mêmes dispositions expliquées ci-dessus, doivent leur être communes ; les Officiers généraux se conformeront d'ailleurs à ce qui est établi tant pour les masses, que pour le prix & la forme des engagemens pour lesdits régimens étrangers.

Les dispositions des régimens François, auront lieu à l'égard des régimens Étrangers.

47.

L'INTENTION de Sa Majesté, eu égard au semestre, est que le Lieutenant-colonel & le Major roulent ensemble, que l'un des deux soit absolument présent au Corps, & que dans tous les cas il y ait toujours à chaque compagnie un Officier de chaque grade.

Dispositions pour les semestres.

Sa Majesté voulant procurer aux Officiers de son Infanterie, les moyens de vaquer à leurs affaires, sans que le bien de son service puisse en recevoir aucun préjudice, permet aux Officiers à qui le semestre sera échu, & qui pourront se passer d'en profiter, soit en tout, soit en partie, de le partager & même de le céder en entier à ceux de leur grade & de leur compagnie dont la présence seroit nécessaire chez eux; en cas de partage, l'Officier qui restera au Corps, n'en pourra partir qu'après le retour de celui qui aura eu la liberté de s'absenter le premier.

48.

Obligation des Officiers-semestriers, au sujet des recrues.

LES recrues des Officiers-semestriers ayant toujours été regardées comme les plus solides & les meilleures; l'intention de Sa Majesté est qu'ils ne puissent jamais être dispensés d'envoyer au moins deux hommes de recrue au régiment.

49.

Visite à l'hôpital, prisons, vivres, &c. & compte à rendre.

LES Officiers généraux visiteront l'hôpital, les prisons; ils examineront les vivres & les effets de campemens que plusieurs régimens ont à leur suite; ils se feront aussi rendre compte par les Officiers de l'État-major de la Place, de la façon dont le régiment fait le service, & de son exactitude à observer la discipline. Ils en rendront compte dans leur résumé au Secrétaire d'État de la guerre; & dans le cas où il y auroit des observations étendues à faire sur chacun de ces objets, ils les feroient séparément, & les joindroient au résumé général de leur opération.

Formalités à observer à l'égard des régimens Suisses.

50.

Compagnies de Grenadiers complétées par celles des Fusiliers.

LES Officiers généraux qui seront chargés des revues des régimens Suisses, commenceront par faire compléter les compagnies de Grenadiers par celles de Fusiliers, chacune à leur tour, ainsi qu'il est prescrit par l'Ordonnance du 10 mai 1764, en choisissant dans les compagnies de Fusiliers, les hommes les plus propres à entrer dans celle de Grenadiers, tant par leur taille & leur figure, que par leur bravoure & leur bonne conduite.

51.

Examen

ILS examineront ensuite la composition des compagnies, les

les recrues qui auront été faites, & les hommes qui se seront rengagés depuis la revue de l'année précédente. *des compagnies, recrues & rengagés.*

52.

ILS réformeront tout ce qui excédera le tiers d'Étrangers dans chaque compagnie; & si dans le nombre des recrues il se trouve des Sujets de Sa Majesté, ils les feront mettre en prison, ainsi que les bas Officiers ou Soldats qui les auront engagés; ils réformeront aussi tout ce qu'ils trouveront de défectueux dans le nombre des recrues, sans cependant être trop rigoureux à l'égard des recrues nationales, & sur-tout de celles qui seront du même canton ou pays que le Capitaine. Ils feront délivrer, aux hommes qu'ils auront réformés, un congé absolu, sur lequel il sera fait mention de la cause de leur réforme; & ils leur feront donner un mois de solde pour retourner chez eux, dont moitié sera aux frais du Capitaine qui les aura engagés, & l'autre moitié aux frais des Officiers supérieurs qui les auront reçus, ainsi qu'il a été prescrit précédemment. *Composition & réforme à faire.*

53.

DANS l'état que les Officiers généraux feront dresser de tous les hommes de recrue desdits régimens, compagnie par compagnie, ils marqueront exactement le lieu de leur naissance, l'âge, la taille, la qualité desdits hommes de recrue, & le temps pour lequel ils se sont engagés, & ils feront mention, au bas de l'arrêté de chaque compagnie, des hommes qu'ils auront réformés. *État des recrues.*

54.

LES Officiers généraux entreront dans l'examen des bas Officiers & Soldats qui seront dans le cas d'être proposés pour les Invalides ou les pensions réglées; mais on les prévient que la proposition en est réservée uniquement au Colonel général des Suisses; ce qui n'empêchera pas cependant qu'ils ne rendent compte au Secrétaire d'État de la guerre de ceux qui, par leur service, leur auront paru mériter d'être admis à ces grâces. *Formalités à observer pour les Invalides, & pensions réglées.*

55.

Étrangers admis aux Invalides, ou à la pension.

SI dans le nombre des Étrangers proposés pour les Invalides ou la pension, il s'en trouvoit qui fussent plus anciens ou moins en état de continuer le service que ceux de la nation Suisse, ils seront admis de préférence; & Sa Majesté veut bien qu'il leur soit accordé le traitement fixé pour l'Infanterie françoise & étrangère, & la proposition en sera faite par le Colonel général; mais le nombre de ces Étrangers ne pourra pas excéder celui de deux par régiment.

56.

Congés de réforme.

LES Officiers généraux passeront ensuite à l'examen des anciens Soldats, qui n'ayant pas le service nécessaire pour mériter les Invalides, se trouveroient, par des infirmités ou autres causes, dans le cas d'être réformés, & ils leur feront délivrer des congés de réforme sur le champ.

57.

Compte à rendre des compagnies incomplètes.

SI dans le nombre des compagnies, il s'en trouvoit qui ne fussent pas complètes, ils en rendront compte au Secrétaire d'État de la guerre: ils marqueront si c'est par négligence ou mauvaise volonté du Capitaine, que sa compagnie n'est pas complète, ou par quelques accidens particuliers dont le Capitaine ne peut être responsable.

58.

Vérification du registre des engagemens & rengagemens.

ILS se feront représenter, par le Major, le registre des engagemens & celui des rengagemens, pour s'assurer de la naissance de tous les hommes dont chaque compagnie est composée, & pour constater aussi si tous les engagemens & rengagemens sont au moins de trois ans.

59.

Dresser un état des hommes nés sujets du Roi.

ILS feront dresser un état particulier de tous les bas Officiers, Grenadiers & Soldats sujets de Sa Majesté, qui se trouveront encore dans chaque compagnie, qu'ils adresseront au Secrétaire d'État de la guerre, dans lequel il sera expliqué depuis quel temps lesdits bas Officiers, Grenadiers & Soldats ont été admis auxdites places.

60.

LES Officiers généraux termineront l'examen des hommes par se faire présenter ceux des bas Officiers & Soldats qui ont fait la guerre, & dont ils feront connoître le nombre sommairement dans le résumé. Ils se conformeront au surplus à ce qui a été réglé par la présente Instruction, sur la manière dont le Livret de revue doit être arrêté.

Hommes qui ont fait la guerre.

Livret & revue.

61.

ILS examineront ensuite la situation de l'habillement, de l'équipement & de l'armement; & s'ils trouvent quelque chose de défectueux sur ces différentes parties, ils en ordonneront sur le champ les réparations; ils joindront des états à leurs extraits de revue sur ces différentes parties.

Examen de l'habillement, équipement & armement.

62.

ILS entreront dans tous les détails relatifs à la tenue, à la discipline & aux manœuvres, ainsi qu'il est prescrit pour les régimens François; ils se conformeront aussi à ce qui a été réglé pour faire connoître les hommes qui auront manqué dans chaque compagnie, depuis la revue de l'année dernière, par mort, désertion, réforme ou congé absolu.

Compte à rendre de la tenue, discipline & manœuvres, & des hommes manquant depuis la dernière revue.

63.

ON observera au surplus, aux Officiers généraux, que le Colonel général des Suisses devant lui seul prendre connoissance de la manutention intérieure des régimens Suisses, ils seront dispensés de rendre compte au Secrétaire d'État de la guerre, de la manière dont les traités & capitulations sont observés dans ce Corps; de la naissance, des services, des mœurs & des talens de tous les Officiers; du nombre des compagnies avouées de chaque canton ou pays allié, de celles qui ne le sont pas; de la vacance

La connoissance de la manutention intérieure des régimens, est réservée seule au Colonel général des Suisses.

des emplois, de ceux qui ſont à portée de les obtenir par leurs ſervices & ſuivant les capitulations; des récompenſes & des grâces que peuvent mériter les Officiers, bas Officiers & Soldats; des dettes que les Capitaines peuvent avoir contractées avec les Marchands pour les fournitures de la compagnie, & des dettes particulières des Officiers; enfin de tout ce qui a rapport à la police intérieure des Troupes Suiſſes.

64.

Objets que les Officiers généraux ſont autoriſés à retrancher.

CEPENDANT, Sa Majeſté entend que les Officiers généraux ſoient autoriſés à retrancher toutes les dépenſes qui n'auront point un rapport eſſentiel à la tenue, à la propreté militaire & à la diſcipline; enfin, ils examineront ſi dans l'état actuel des choſes, il n'y auroit rien à changer pour le plus grand bien du ſervice, & ils en rendront compte au Secrétaire d'État de la guerre.

FAIT à Verſailles le premier Mai mil ſept cent quatre-vingt-deux. *Signé* LOUIS. *Et plus bas,* SEGUR.

ÉTAT

INSPECTION
faite par M.
à
le

INFANTERIE.

N.° 1.er

Régiment d

ÉTAT des Officiers qui sont susceptibles de passer à des Emplois supérieurs.

NOMS des OFFICIERS.	GRADES.	GRADES dont ils sont susceptibles.	*OBSERVATIONS.*

INSPECTION
faite par M.
à
le

Nota. Les Mémoires doivent être joints à cet État.

Les bas Officiers ne doivent pas être portés sur le même État.

INFANTERIE.

N.° 2.

Régiment d

ÉTAT DES GRÂCES.

NOMS des OFFICIERS.	GRADES.	NATURE des SERVICES.	GRÂCES qu'ils demandent.	*OBSERVATIONS.*

N.° 3.

INSPECTION
faite par M.
à
le

INFANTERIE.

Régiment d

ÉTAT des Hommes proposés pour se retirer chez eux, avec la Pension de récompense militaire, ou entrer à demeure à l'Hôtel des Invalides, ou dans les Compagnies détachées.

COMPAGNIES.	NOMS DE BAPTÊME ET DE FAMILLE des Hommes.	ÂGE.	LIEUX de NAISSAN	ÉTA de SER

TAIL de SERVICES.	NOMBRE d'années de Service.	GRADES dans lesquels ils ont servi, & depuis quel temps ils servent dans leur dernier Grade.	PENSIONS dont ils doivent jouir.	Destinés pour l'Hôtel, ou les Compagnies détachées.	OBSERVATIONS.

INSPECTION
faite par M.
à
le

INFANTERIE. N.° 4.

Régiment d

ÉTAT des HOMMES de ce Régiment, parvenus au degré d'ancienneté, qui les rend susceptibles d'obtenir dès-à-présent le brevet & la marque distinctive de la Vétérance.

COMPAGNIES.	NOMS des HOMMES.	GRADES.	DÉTAIL DES SERVICES, & Dates DES RENGAGEMENS.	*OBSERVATIONS.*

INSPECTION
faite par M.
à
le

N.° 5.

INFANTERIE.

Régiment d

ÉTAT DES HOMMES *à congédier par grâce étant néceſſaires à leur famille.*

COMPAGNIES.	NOMS des HOMMES.	GRADES.	ANNÉES qu'ils ont encore à ſervir.	PRIX des DÉGAGEMENS.	RAISONS pour leſquelles ils demandent LEUR CONGÉ.

INSPECTION faite par M.
à
le

N.° 6.

INFANTERIE.

Régiment d

SITUATION DE L'HABILLEMENT.

		FAÇONNÉ & DÉLIVRÉ en 17		FAÇONNÉ & DÉLIVRÉ en 17		FAÇONNÉ & DÉLIVRÉ en 17		REMPLACEMENT proposé pour l'année 17	OBSERVATIONS.
		Bons.	Mauvais.	Bons.	Mauvais.	Bons.	Mauvais.		
Habits..	de Cadets-gentilshommes.	//	//	//	//	//	//	//	
	d'Adjudant	//	//	//	//	//	//	//	
	de Sergens-majors.	//	//	//	//	//	//	//	
	de Fourriers-écrivains. . .	//	//	//	//	//	//	//	
	de Sergens	//	//	//	//	//	//	//	
	de Tambour-major.	//	//	//	//	//	//	//	
	de Tambours ou Instrum^ens	//	//	//	//	//	//	//	
	de Caporaux.	//	//	//	//	//	//	//	
	de Grenadiers.	//	//	//	//	//	//	//	
	de Fusiliers	//	//	//	//	//	//	//	
	de Fraters	//	//	//	//	//	//	//	
	d'Armuriers.	//	//	//	//	//	//	//	
Vestes		//	//	//	//	//	//	//	
Gilets		//	//	//	//	//	//	//	
Culottes.		//	//	//	//	//	//	//	
Chapeaux		//	//	//	//	//	//	//	

ÉQUIPEMENT

	BONS.	À RÉPARER.	Hors de SERVICE.	À REMPLACER.
Gibernes	//	//	//	//
Porte-gibernes.	//	//	//	//
Ceinturons de bas Officiers, Grenadiers ou Fusiliers . . .	//	//	//	//
Bretelles de Fusils	//	//	//	//
Colliers de Tambours	//	//	//	//
Sabres.	//	//	//	//

MÉDAILLONS à remplacer . . . . //

Nota. On fera mention ici si les réparations & remplacemens ont été retardés de quelques mois.

FAIT & arrêté

INSPECTION faite par M.
à
le

INFANTERIE.

N.° 7.

Régiment d

SITUATION de l'Armement dudit Régiment.

	BONS.	HORS de SERVICE.	MANQUE au COMPLET.	TOTAL.	À REMPLACER.
Fusils	//	//	//	//	//
Baïonnettes	//	//	//	//	//
Sabres	//	//	//	//	//

Fait & arrêté

INSPECTION faite par M.
à
le

INFANTERIE. N.° 8.

Régiment d

*ÉTAT des Officiers-semestriers qui n'ont pas rempli l'obligation de l'*article 9 de l'Ordonnance du 18 Octobre 1777, *concernant les Semestres, & auxquels il a été fait des retenues au profit de la Masse générale.*

NOMS des OFFICIERS.	GRADES.	RETENUES qui leur ont été faites.	*OBSERVATIONS.*

INSPECTION
faite par M.
à
le

INFANTERIE.

N.° 9.

Régiment d

SITUATION des Finances du
au

RECETTES.

MASSE GÉNÉRALE.

Suivant l'arrêté de M. du .... ″ᵗᵗ ″ˢ ″ᵈ

Elle avoit en Caisse..

Qui étoient représentées par

Espèces.. ″ᵗᵗ ″ˢ ″ᵈ

EFFETS ACTIFS.	Reconnoissances du Trésorier de la Guerre.............	″ᵗᵗ ″ˢ ″ᵈ	″ ″ ″
	Entre les mains des Officiers & bas Officiers-recruteurs....	″ ″ ″	
EN MAGASIN.	...aunes de drap blanc à ″...	″ ″ ″	″ ″ ″
	... de drap.... à ″...	″ ″ ″	
	... de tricot blanc à ″...	″ ″ ″	
	... de toile écrue à ″...	″ ″ ″	
	...douz. de gros boutons à ″..	″ ″ ″	
	... de ceinturons à ″...	″ ″ ″	

SOMME PAREILLE......... ″ ″ ″

Depuis cette époque jusqu'à ce jour, il est entré en Caisse........... ″ ″ ″

SAVOIR,

Du produit de la Masse générale à ″ˡ par an, par homme pour 1448.............................. ″ᵗᵗ ″ˢ ″ᵈ

Des Congés de grâce de hommes, dont ″ à .. ″ˡ .. ″ à .. ″ˡ ... ″ à .. ″ˡ..................... ″ ″ ″

Des retenues faites à Officiers-semestriers qui n'ont amené qu'un homme, sur le pied de.... ″ˡ, & à autres qui n'en ont pas amené, sur le pied de... ″ˡ.....

Du décompte de bas Officiers ou Soldats décédés sur les Vaisseaux.......................... ″ ″ ″

Secours reçus en gratifications.................. ″ ″ ″

SOMME PAREILLE....... ″ ″ ″

TOTAL de la Recette... ″ ″ ″

DÉPENSES.

Recrues.....	... hommes à ″ˡ ... du travail des Officiers-semestriers..	″ᵗᵗ ″ˢ ″ᵈ	″ ″ ″
	... *idem*... à ″ ... du travail des Officiers & bas Officiers-recruteurs.............	″ ″ ″	
	... *idem*... à ″ ... faits par l'Etat-major.........	″ ″ ″	

	De l'autre part.		″^{tt} ″^{f} ″^{d}
Rengagemens. .	. . . hommes de . . . ans de fervice pour . . . ans à ″l. .	″^{tt} ″^{f} ″^{d}	
	. . . hommes de . . . ans de fervice pour . . . ans à ″ . .	″ ″ ″	″ ″ ″
	. . . hommes de . . . ans de fervice pour . . . ans à ″ . .	″ ″ ″	″ ″ ″
Habillement. . .	. . . aunes de drap. . . . . du S.^r dem.^t à . . . . à ″l l'aune	″ ″ ″	
	. . . de tricot. . . du S.^r *idem* à . . . . à ″	″ ″ ″	
	. . . de ferge . . . du S.^r *idem* à . . . . à ″	″ ″ ″	
	. . . toile écrue. . du S.^r *idem* à . . . . à ″	″ ″ ″	
	. . . galon. . . . fin du S.^r *idem* à . . . . à ″	″ ″ ″	
	. . . gal. de laine du S.^r *idem* à . . . . à ″	″ ″ ″	″ ″ ″
	. . . gal. de livrée du S.^r *idem* à . . . . à ″	″ ″ ″	
	. . . chapeaux du S.^r *idem* à . . . . à ″ l'un. . .	″ ″ ″	
	. . . douzaines de gros boutons . . . . N.° . . . . &c. Et. . . douz. de petits du S.^r *idem* à . . . . à ″	″ ″ ″	
	pour le tranfport de ces e . ets a. Sr Bietrix	″ ″ ″	
	façons de . . . habits complets à . . . l'un, & réparation de l'ancien habillement.	″ ″ ″	
Équipement. . .	. . . ceinturons de bas Officiers, Grenadiers, Chaffeurs & Fufiliers. . . . . du S.^r *idem* à . . . . à ″	″ ″ ″	
	. . . porte-gibernes. . . du S.^r *idem* à . . . . à ″	″ ″ ″	″ ″ ″
	. . . colliers de Tambour du S.^r *idem* à . . . . à ″	″ ″ ″	
	. . . bretelles de fufils du S.^r *idem* à . . . . à ″	″ ″ ″	
Armement. . . .	. . . fourreaux de fabre du S.^r *idem* à . . . . à ″	″ ″ ″	
	. . . fourr. de bayonn. du S.^r *idem* à . . . . à ″	″ ″ ″	″ ″ ″
	entretien & réparations aux armes	″ ″ ″	
Faux-frais. . .	4 deniers pour liv frais & quittance de la fomme de ″l ″f ″d montant des différens décomptes du Tréforier	″ ″ ″	
	frais de Bureau, ports de lettres	″ ″ ″	″ ″ ″
	papier à Cartouches.	″ ″ ″	
	TOTAL des Dépenfes.		″ ″ ″

RÉSULTAT DES MASSES.

Maffe générale.	La Recette eft de.	″ ″ ″	
	La Dépenfe a monté à.	″ ″ ″	
	La Maffe générale a un de.	″ ″ ″	
Maffe du Linge & Chauffure.	Elle avoit en Caiffe à la même époque	″ ″ ″	″ ″ ″
	Elle a reçu.	″ ″ ″	
	La Dépenfe a monté à		″ ″ ″
	Cette Maffe a un de.		″ ″ ″
Maffe de propreté.	Elle avoit en Caiffe à la même époque.	″ ″ ″	″ ″ ″
	Elle a reçu depuis.	″ ″ ″	
	La Dépenfe a monté à.		″ ″ ″
	Elle a un de.		″ ″ ″

SITUATION DE LA CAISSE.

A la Maſſe générale, ...	″l ″s ″d
A celle de propreté.	″ ″ ″
A celle de linge & chauſſure	″ ″ ″
T O T A L.	″ ″ ″

Repréſenté par

Effets actifs. . .	En eſpèces.	″l ″s ″d	″l ″s ″d	Somme pareille.
	Reconnoiſſances du Tréſorier de la guerre . .	″ ″ ″		
	Idem des Officiers & bas Officiers-recruteurs.	″ ″ ″		
En magaſin . . .	. . . aunes de drap . . . à ″	″ ″ ″	″ ″ ″	
	. . . tricot blanc. . à ″	″ ″ ″		
	. . . toile. . . . . . à ″	″ ″ ″		
			″ ″ ″	

DÉTAIL approximatif des RECETTES & DEPENSES, du 1.er Mai 17 au 1.er Mai 17

RECETTE.

Il reſtoit en Caiſſe à la Maſſe générale, le 1.er Mai 17 . . .	″l ″s ″d	″l ″s ″d
Produit de la Maſſe générale, du 1.er Mai 17 au 1.er Mai 17	″ ″ ″	
Congés de grâce pendant ledit temps.	″ ″ ″	
Produit du décompte des hommes qui pourront décéder ſur mer.	″ ″ ″	
Gratification accordée par le Roi	″ ″ ″	
Avance faite par le Roi à charge de rembourſer	″ ″ ″	

DÉPENSE.

Recrues.	″ ″ ″	″ ″ ″
Rengagemens.	″ ″ ″	
Habillement, compris les réparations.	″ ″ ″	
Équipement, *idem*.	″ ″ ″	
Armement, *idem*.	″ ″ ″	
Faux-frais.	″ ″ ″	
A payer pour fournitures reçues.	″ ″ ″	
A rembourſer pour avances reçues par le Roi.	″ ″ ″	
PARTANT, la Maſſe générale aura, au 1.er Mai 17 , en Caiſſe ou en déficit. . .		″ ″ ″

CERTIFIÉ véritable par nous Membres du Conſeil d'adminiſtration, à le

VU & vérifié par nous des Armées du Roi, chargé de l'inſpection dudit Régiment.

N.° 10.

INFANTERIE.

RÉGIMENT d

***R**EVUE D'INSPECTION*
par M.
faite à

le 17

PREMIER BATAILLON.

Compagnie de Grenadiers.

M. Capitaine-commandant.
M. Capitaine en fecond.
M. Premier Lieutenant.
M. Lieutenant en fecond.
M. Sous-lieutenant.
M. Sous-lieutenant.

Cadet-gentilhomme. . . . .
Sergent-major. . . . .
Fourrier-écrivain. . . . .
Sergens. . . . .
Caporaux. . . . .
Frater. . . . .
Grenadiers. . . . .
Tambours. . . . .

TOTAL. . . . .

Dont à l'hôpital du lieu. . . . .
Aux hôpitaux externes. . . . .
Abfens par congés. . . . .
Détachés. . . . .
} . . . . .

Présens fous les armes. . . . .

Manque au complet de ladite Compagnie. . . . .
Non compris les hôpitaux, les abfens par congés, détachés. . . . .

Compagnie d

M. Capitaine-commandant.
M. Capitaine en ſecond.
M. Premier Lieutenant.
M. Lieutenant en ſecond.
M. Sous-lieutenant.
M. Sous-lieutenant.

Cadet-gentilhomme. . . . .

Sergent-major. . . . .

Fourrier-écrivain. . . . .

Sergens. . . . .

Caporaux. . . . .

Frater. . . . .

Fuſiliers. . . . .

Tambours. . . . .

TOTAL. . . . .

Dont à l'hôpital du lieu. . . . .
Aux hôpitaux externes. . . . .
Abſens par congés. . . . .
Détachés . . . .
Embarqués pour la garniſon des Vaiſſeaux. . . . . }. . . . .

PRÉSENS ſous les armes. . . . .

MANQUE au complet de ladite Compagnie. . . . .

Non compris les hôpitaux, les abſens par congés, détachés & embarqués pour la garniſon des Vaiſſeaux. . . . .

Compagnie d

M. Capitaine-commandant.
M. Capitaine en ſecond.
M. Premier Lieutenant.
M. Lieutenant en ſecond.
M. Sous-lieutenant.
M. Sous-lieutenant.

Cadet-gentilhomme. . . . .
Sergent-major . . . .
Fourrier-écrivain . . . .
Sergens. . . . .
Caporaux . . . .
Frater. . . . .
Fuſiliers . . . .
Tambours . . . .

TOTAL. . . . .

Dont à l'hôpital du lieu. . . . .
Aux hôpitaux externes. . . . .
Abſens par congés . . . .
Détachés . . . .
Embarqués pour la garniſon des Vaiſſeaux. . } . . . . .

PRÉSENS ſous les armes. . . . .

MANQUE au complet de ladite Compagnie. . . . .
Non compris les hôpitaux, les abſens par congés & détachés & embarqués pour la garniſon des Vaiſſeaux . . . .

Compagnie d

M. Capitaine-commandant.
M. Capitaine en ſecond.
M. Premier Lieutenant.
M. Lieutenant en ſecond.
M. Sous-lieutenant.
M. Sous-lieutenant.

Cadet-gentilhomme...

Sergent-majorr..................................

Fourrier-écrivain................................

Sergens....................................

Caporaux...................................

Frater......................................

Fuſiliers...................................

Tambours....................................

TOTAL.......................

Dont à l'hôpital du lieu............
Aux hôpitaux externes............
Abſens par congés................ } .....
Détachés....................
Embarqués pour la garniſon des Vaiſſeaux..

.....PRÉSENS ſous les armes...................

MANQUE au complet de ladite Compagnie...............

Non compris les hôpitaux, les abſens par congés, détachés & embarqués pour la garniſon des Vaiſſeaux.....................

Compagnie d

M.	Capitaine-commandant.
M.	Capitaine en fecond.
M.	Premier Lieutenant.
M.	Lieutenant en fecond.
M.	Sous-lieutenant.
M.	Sous-lieutenant.

Cadet-gentilhomme...

Sergent-major...................................

Fourrier-écrivain...............................

Sergens...

Caporaux..

Frater..

Fufiliers.......................................

Tambours..

TOTAL....................

Dont à l'hôpital du lieu............

Aux hôpitaux externes............

Abfens par congés...............

Détachés.....................

Embarqués pour la garnifon des Vaiffeaux..

} .....

Présens fous les armes..................

Manque au complet de ladite Compagnie................

Non compris les hôpitaux, les abfens par congés & détachés & embarqués pour la garnifon des Vaiffeaux.......................

DEUXIÈME BATAILLON.

Compagnie d

M. Capitaine-commandant.
M. Capitaine en fecond.
M. Premier Lieutenant.
M. Lieutenant en fecond.
M. Sous-lieutenant.
M. Sous-lieutenant.

Cadet-gentilhomme..
Sergent-majorr.............................
Fourrier-écrivain............................
Sergens...
Caporaux......................................
Frater...
Fufiliers.......................................
Tambours......................................

TOTAL..................

Dont à l'hôpital du lieu............
Aux hôpitaux externes............
Abfens par congés................
Détachés......................
Embarqués pour la garnifon des Vaiffeaux.. } .....

PRÉSENS fous les armes..................

MANQUE au complet de ladite Compagnie...............
Non compris les hôpitaux, les abfens par congés, détachés & embarqués pour la garnifon des Vaiffeaux.....................

Compagnie d

M.	Capitaine-commandant.
M.	Capitaine en ſecond.
M.	Premier Lieutenant.
M.	Lieutenant en ſecond.
M.	Sous-lieutenant.
M.	Sous-lieutenant.

Cadet-gentilhomme...

Sergent-major..............................

Fourrier-écrivain..............................

Sergens..............................

Caporaux..............................

Frater..............................

Fuſiliers..............................

Tambours..............................

TOTAL....................

Dont à l'hôpital du lieu............
Aux hôpitaux externes............
Abſens par congés................
Détachés.....................
Embarqués pour la garniſon des Vaiſſeaux.. } .....

PRÉSENS ſous les armes....................

MANQUE au complet de ladite Compagnie................

Non compris les hôpitaux, les abſens par congés & détachés & embarqués pour la garniſon des Vaiſſeaux....................

Compagnie d

M. Capitaine-commandant.
M. Capitaine en ſecond.
M. Premier Lieutenant.
M. Lieutenant en ſecond.
M. Sous-lieutenant.
M. Sous-lieutenant.

Cadet-gentilhomme . . . .
Sergent-majorr . . . .
Fourrier-écrivain . . . .
Sergens . . . .
Caporaux . . . .
Frater . . . .
Fuſiliers . . . .
Tambours . . . .

TOTAL . . . .

Dont à l'hôpital du lieu . . . .
Aux hôpitaux externes . . . .
Abſens par congés . . . .
Détachés . . . .
Embarqués pour la garniſon des Vaiſſeaux . .

} . . . . .

PRÉSENS ſous les armes . . . .

MANQUE au complet de ladite Compagnie . . . .

Non compris les hôpitaux, les abſens par congés, détachés & embarqués pour la garniſon des Vaiſſeaux . . . .

Compagnie d

M. Capitaine-commandant.
M. Capitaine en ſecond.
M. Premier Lieutenant.
M. Lieutenant en ſecond.
M. Sous-lieutenant.
M. Sous-lieutenant.

Cadet-gentilhomme..
Sergent-major..................................
Fourrier-écrivain..................................
Sergens..................................
Caporaux..................................
Frater..................................
Fuſiliers..................................
Tambours..................................

TOTAL..................

Dont à l'hôpital du lieu............
Aux hôpitaux externes............
Abſens par congés..............
Détachés...................
Embarqués pour la garniſon des Vaiſſeaux..
} .....

PRÉSENS ſous les armes..................

MANQUE au complet de ladite Compagnie...............
Non compris les hôpitaux, les abſens par congés & détachés & embarqués pour la garniſon des Vaiſſeaux.....................

Compagnie de Chaſſeurs.

M.	Capitaine-commandant.
M.	Capitaine en ſecond.
M.	Premier Lieutenant.
M.	Lieutenant en ſecond.
M.	Sous-lieutenant.
M.	Sous-lieutenant.

Cadet-gentilhomme ....

Sergent-majorr ....

Fourrier-écrivain....................................

Sergens......................................

Caporaux......................................

Frater.......................................

Chaſſeurs.....................................

Tambours.....................................

TOTAL......................

Dont à l'hôpital du lieu............
Aux hôpitaux externes............
Abſens par congés...............
Détachés..................
} .....

PRÉSENS ſous les armes...................

MANQUE au complet de ladite Compagnie................

Non compris les hôpitaux, les abſens par congés & détachés ....

ÉTAT-MAJOR.

	Meſtre-de-camp-propriétaire.
M.	Meſtre-de-camp-commandant.
M.	Meſtre-de-camp en ſecond.
M.	Lieutenant-colonel.
M.	Major.
M.	Quartier-maître-tréſorire.
M.	Porte-drapeau.
M.	Porte-drapeau.
Le S.r	Adjudant.
M.	Chirurgien-major.
M.	Aumônier.
Le nommé	Tambour-major.
Le nommé	Prévôt.
Le nommé	Armurier.

OFFICIERS à la ſuite.

RÉCAPITULATION.

Capitaines-commandans . . . .
Capitaines en ſecond . . . .
Premiers Lieutenans . . . .
Lieutenans en ſecond . . . .
Sous-lieutenans . . . .

TOTAL des Officiers . . . . .

Cadets-gentilshommes . . . .
Sergens-majors . . . .
Fourriers-écrivains . . . .
Sergens . . . .
Caporaux . . . .
Fraters . . . .
Grenadiers, Fuſiliers & Chaſſeurs . .
Tambours & Inſtrumens . . . .

TOTAL . . . .

Dont . . . à l'hôpital du lieu . . .
aux hôpitaux externes.
abſens par congés . . . .
détachés . . . .
embarqués pour la garniſon des Vaiſſeaux.

PRÉSENS ſous les armes . . .

CE régiment étoit, à la dernière revue d'inſpection faite par M.
le 17 , à hommes.

IL a reçu en recrues . . . .

CE régiment devroit être à . .

IL A PERDU,

Morts . . . .
Déſertés . . . .
Réformés . . . .
Chaſſés . . . .
Congédiés . . . .
Aux Invalides . . . .
Partis avec la penſion chez eux . .
Supprimés des contrôles . . . . . .
De bonne volonté paſſés en Amérique . . . .

CE régiment eſt reſté à cette Revue à . . . . .
MANQUE au complet . . . .

TOTAL . . . .

Dans le nombre d'hommes dont ce régiment est composé, il y en a,

Qui ont fait la guerre........................

Qui jouissent de la vétérance....................

Qui parviendront à la vétérance dans le courant de l'année..

Qui se sont engagés depuis la dernière revue.........

A congédier d'ici au prochain......

Il reste en caisse à ce régiment,

A la masse générale, la somme de...............

A la masse de linge & chaussure................

A la masse de propreté.......................

TOTAL DES FONDS EN CAISSE...

SUR QUOI il doit..........................

PARTANT, ne reste réellement.................

OBSERVATIONS.

INSPECTION faite par M. à le

INFANTERIE. N.° 11.

Régiment d

RÉSUMÉ GÉNÉRAL de la Revue

Nota. Ce résumé doit être fait à la main, & écrit très-lisiblement.

L'espèce des hommes est

La compagnie des Grenadiers & celle des Chasseurs sont

Les Recrues de l'année dernière sont

Celles de cette année sont

Les Officiers sont

Le Soldat à

L'Instruction

Les Manœuvres sont commandées par & exécutées

La Discipline

La subordination

La tenue

M. Mestre-de-camp-commandant, *présent* ou *absent*.

M. Mestre-de-camp en second, *idem*.

M. Lieutenant-colonel, *idem*.

M. Major, *idem*.

Ici les Inspecteurs diront leur façon de penser sur ces Officiers supérieurs.

M.rs

M.rs Capitaines........................ *Idem* en général sur les Capitaines; ils nommeront ceux qui méritent distinction.

M. Quartier-maître-trésorier, *idem*............. *Idem*.

Ce Régiment étoit composé, à la revue de M. du y compris l'Adjudant, le Tambour-major & l'Armurier, de.................

TRAVAIL DEPUIS CETTE ÉPOQUE.

Recrues....................

Enfans du Corps, admis à la solde, } .....

TOTAL......

De l'autre part........................

Vide depuis la Revue du mois de Septembre dernier, & opération de celle-ci.

Fait *Officier*..................................

Congédiés
- par ancienneté.........................
- par grâce
  - dans l'intervalle des deux Revues......
  - à cette Revue....................
- par ordre du Miniſtre..................
- pour paſſer de bonne volonté en Amérique...

Partis pour jouir des penſions militaires accordées lors de la dernière Revue.........................

Réformés
- pour infirmités.........................
- de Recrues
  - des Officiers-ſemeſtriers.............
  - des Officiers & bas Officiers-recruteurs..

Réclamés par le Régiment de ....

Soldats Provinciaux rendus.......................

Claſſés rendus à la Marine......................

Remis à la Juſtice ordinaire......................

Contumacés
- n'ayant pas rejoint à l'expiration des Congés........
- déſerteurs du Corps..........................

Chaſſés..................................

Déſertés
- anciens Soldats..........................
- de Recrue..............................

Condamnés à la chaîne........................

Morts...................................

Supprimés du contrôle
- Enfans du Corps à l'âge de 16 ans....
- par congé, n'ayant pas rejoint........

Reste effectif après l'opération de la préſente Revue, les hommes de l'État-major compris................

Ci-contre............................

Dont
- Détachés.................
- À l'Hôpital du lieu...........
- Aux Hôpitaux externes.......
- Malades à la chambre........
- En prison.................
- Absens par congé...........
- Embarqués pour la garnison des Vaisseaux...............

TOTAL.....

Manque au complet de 1148, les trois hommes de l'État-major compris..............................

Si l'on ajoute à ce non complet

Les Hommes proposés pour les Invalides................

Ceux proposés à cette revue pour les récompenses militaires....

Ceux à entrer dans les Compagnies détachées..............

Ceux à congédier par grâce, à mesure qu'ils remettront l'argent de leur dégagement..........................

Ceux dont les engagemens ou rengagemens doivent expirer au 1.er Septembre prochain..........................

Ceux de bonne volonté qui passeront en Amérique..........

Le travail des Recrues, indépendamment des pertes ordinaires, sera de..................................

Il y a dans ce Régiment

......Officiers à la suite, dont .....Capitaines. .....Lieutenans. .....Sous-lieutenans.

......Cadets-Gentilshommes.

......Hommes qui ont fait la guerre.

......qui se sont rengagés.

......qui jouissent de la Vétérance.

......qui sont dans le cas de l'obtenir.

Sur la totalité des Hommes dont ce Corps eſt composé,

......ſont à leur premier engagement.

......ont contracté un premier rengagement à l'expiration des quatre années.

......ont commencé le premier rengagement.

......ont contracté un ſecond rengagement à l'expiration des douze ans.

......ont commencé le ſecond rengagement.

......au rengagement annuel.

......Enfans du Corps.

TOTAL......

Dans le nombre des Hommes effectifs,

......ſont de la taille de 5 pieds 1 pouce pieds nus,

......de 5 pieds 1 à 2 pouces.

......de 5 pieds 2 à 3 pouces.

......de 5 pieds 3 à 4 pouces.

TOTAL......

HABILLEMENT.

L'Habillement eſt

Ce qui a été fourni l'année dernière eſt

......habits ſeront remplacés cette année

......habits ont beſoin de réparations

Ces remplacemens & réparations ſont eſtimés devoir coûter............ ″tt ″ſ ″d

ÉQUIPEMENT DE L'HOMME.

Ci-contre .... ″ᵗᵗ ″ˢ ″ᵈ

L'Équipement est

......Gibernes & Porte-Gibernes sont à remplacer.

......Gibernes & Porte-Gibernes ont besoin de réparations.

......Bretelles de Fusils sont à remplacer.

......Bretelles de Fusils ont besoin de réparations..

......Sabres sont à remplacer.

......*Idem* ont besoin de réparations.

Ces remplacemens & réparations sont estimés devoir coûter... ″ ″ ″

ARMEMENT.

L'Armement est

......Fusils sont à remplacer.

......*Idem* ont besoin de réparations.

Ces remplacemens & réparations sont estimés devoir coûter... ″ ″ ″

Tous les remplacemens & réparations sont estimés devoir coûter.. ″ ″ ″

FINANCES.

EN CAISSE ou EN DÉFICIT.

MASSES	Masse générale...	Elle avoit en Caisse à la dernière dernière revue..........	″ᵗᵗ	″ˢ	″ᵈ	
		Elle a bénéficié...........	″	″	″	
		Elle a perdu.............	″	″	″	
	Linge & Chaussure.	Elle avoit en Caisse à la dernière revue................	″	″	″	
		Elle a bénéficié..........	″	″	″	
		Elle a perdu.............	″	″	″	

De propreté en Caisse........................

TOTAL des Fonds en Caisse........... compris...... liv. qui lui ont été données en avance, à charge de rembourser.

DÉTAIL approximatif des RECETTES & DEPENSES du 1.ᵉʳ Mai 17 au 1.ᵉʳ Mai 17

RECETTE.

Il restoit en Caisse à la Masse générale, le 1.ᵉʳ Mai 17	″ᵗᵗ	″ˢ	″ᵈ	″ᵗᵗ ″ˢ ″ᵈ
Produit de la Masse générale, du 1.ᵉʳ Mai 17 au 1.ᵉʳ Mai 17	″	″	″	
Congés de grâce pendant ledit temps	″	″	″	
Produit du décompte des hommes qui pourront décéder sur mer.......	″	″	″	
Gratification accordée par le Roi....	″	″	″	
Avance faite par le Roi à charge de r[illegible]	″	″	″	

DÉPENSE.

Recrues.	″#	″ſ	″d			
Rengagemens.	″	″	″			
Habillement, compris les réparations . .	″	″	″			
Équipement, *idem*.	″	″	″			
Armement, *idem*	″	″	″	″#	″ſ	″d
Faux-frais	″	″	″			
À payer pour fournitures reçues	″	″	″			
À rembourſer pour avances reçues par le Roi	″	″	″			

PARTANT la Maſſe générale aura au 1.er Mai 17 en caiſſe ou en déficit . . . .

OBSERVATIONS.

Les Hommes de recrue ont coûté, y compris les frais. . . . .

Ce qui fait revenir chaque Homme à. . . . .

L'Adminiſtration eſt

Les Dépenſes ſont faites avec

L'Hôpital eſt

Les Priſons ſont

Les Vivres

Service de la Place

INSPECTION faite par M.
à
le

N.° 12.

INFANTERIE.

Régiment d

ÉTAT de la SITUATION de ce Régiment, à l'époque du jour de la revue définitive, faite par M.

Meſtre-de-camp-commandant . . . .
Meſtre-de-camp en ſecond . . . .
Lieutenant-colonel . . . .
Major . . . .
Quartier-maître . . . .
Porte-drapeaux . . . .
Adjudant . . . .
Chirurgien-major . . . .
Aumônier . . . .
Tambour-major . . . .
Armurier . . . .

Capitaines-commandans	Préſens	//	. . . . . . //
	Détachés	//	
	Abſens par	//	
Capitaines en ſecond	Préſens	//	. . . . . . //
	Détachés	//	
	Abſens par	//	
Lieutenans en premier	Préſens	//	. . . . . . //
	Détachés	//	
	Abſens par	//	
Lieutenans en ſecond	Préſens	//	. . . . . . //
	Détachés	//	
	Abſens par	//	
Sous-lieutenans	Préſens	//	. . . . . . //
	Détachés	//	
	Abſens par	//	
			. . . . . . //

Officiers à la ſuite.

Bas Officiers, Grenadiers, Chaſſeurs, Fraters, Tambours, Fuſiliers, préſens ſous les armes .... ″

Détachés à	″
En priſon..	″
Aux Hôpitaux externes..	″
à l'Hôpital de..	″
Par congé, dont en Recrue..................................	″
Embarqués pour la garniſon des Vaiſſeaux............................	″
TOTAL..	″
Manque au complet de 1148, ci..................................	″
TOTAL au complet..	″

Ce Régiment eſt compoſé d'une eſpèce d'hommes

La Compagnie de Grenadiers & celle des Chaſſeurs ſont

Les Recrues ſont

Il eſt commandé par

La diſcipline eſt

La ſubordination eſt

L'inſtruction eſt

Il manœuvre

La tenue eſt

à le 17

Mois d

17

N.° 13

INFANTERIE.

RÉGIMENT D

MUTATIONS en & SITUATION au 17

OFFICIERS.

GRADES.	Présens.	Détachés.	En Recrues.	En Semestre.	Par Congé.	Emplois vacans.	OBSERVATIONS.
ÉTAT-MAJOR.	″	″	″	″	″	″	
Capit. com.d	″	″	″	″	″	″	
Capit. en 2.d	″	″	″	″	″	″	
Lieut. en pied	″	″	″	″	″	″	
Lieut. en 2.d	″	″	″	″	″	″	
Sous lieuten.t	″	″	″	″	″	″	
TOTAL...	″	″	″	″	″	″	

BAS OFFICIERS, SOLDATS ET TAMBOURS.

Force au premier du mois dernier.	Augmentat. depuis le 1.er du mois dernier: Recrues arrivées.	Congédiés, rentrés.	Enfans admis.	Total.	Pertes depuis le 1.er du mois dernier: Morts.	Désertés.	Réformés.	Faits Officiers.	Partis avec la pension.	Partis pour les Invalides.	Congédiés: Par ancienneté.	Par grâce.	Comme Gentils.h	Chassés.	Condamnés à la chaîne.	Contumacés.	Passés à d'autres Corps.	Total des Pertes.	Reste effectif le premier de ce mois.	Situation de l'effectif: Présens sous les armes.	Aux Hôpit.: du Lieu.	Externes.	Détachés.	Embarqués.	En Recrues.	Par Congés.	Manquant au complet de 1148.
″	″	″	″	″	″	″	″	″	″	″	″	″	″	″	″	″	″	″	″	″	″	″	″	″	″	″	″

FINANCES.

MASSES.	Leur situation le 1.er de ce mois: Restant en Caisse. liv. s. d.			Deficit. liv. s. d.		
Générale...	″	″	″	″	″	″
Linge & chaussure.	″	″	″	″	″	″
Propreté...	″	″	″	″	″	″
	″	″	″	″	″	″

Officiers à la suite.

www.ingramcontent.com/pod-product-compliance
Ingram Content Group UK Ltd.
Pitfield, Milton Keynes, MK11 3LW, UK
UKHW022125260726
13993UKWH00003B/1242